David MOENECLAEY
27.6.85

QUI ? POURQUOI

Découvrir la nature

Les animaux et les plantes qui nous entourent

par
Jean de Gueldre

Chantecler

Préface

Un des aspects les plus importants de la vie humaine est le contact que nous entretenons avec la nature. Sans souvent nous en rendre compte, nous faisons nous-mêmes partie intégrante de ce phénomène universel. Hélas, nous avons trop vite tendance à assimiler la «nature» à «l'état sauvage», et nous pensons alors directement qu'il faut voyager et se déplacer pour aller à sa rencontre.

L'ambition de ce livre est de donner les premiers éléments de réponse à un grand nombre de questions que chacun, adulte ou enfant, se pose et pose à d'autres lorsqu'il entre en contact avec un phénomène naturel.

On ne comprend pas non plus suffisamment que la nature commence avec son propre corps: les phénomènes spécifiques à la vie s'y nomment déjà nourriture, respiration, reproduction et comportement. Dès son plus jeune âge, l'homme vit au rythme de la nature. Trop souvent, il est tenté de l'oublier.

La nature irradie à partir de notre corps et se propage à l'infini, par des voies toujours plus larges. Très souvent, nous contemplons la nature à l'horizon et nous oublions celle qui est à nos pieds. Ce livre se veut une main tendue à tous ceux qui ont la curiosité d'aller y voir de plus près.

Qu'est-ce que la nature? Quels êtres pouvons-nous y découvrir? Où cela se passe-t-il? De quel équipement avons-nous besoin? Comment poursuivre soi-même ses recherches? Voilà quelques questions auxquelles nous tentons de répondre.

C'est vrai, le terme «nature» est trop multiple pour que nous puissions en envisager tous les aspects dans le cadre de ce livre. Mais nous espérons néanmoins qu'il marquera pour vous le début d'une étude plus approfondie de la nature, que vous ferez en compagnie d'autres ouvrages.

Grâce à ce livre, destiné d'abord à l'enfant d'aujourd'hui dans son environnement actuel, nous espérons que vous irez de découverte en découverte.

J. de Gueldre

Source des illustrations

Arnhem D.: Page de garde GC et GH, 5, 9, 20, 21-H, 21-B, 22-H, 25, 31, 34, 38-H, 38-C, 39-H, 39-C, 39-B; *Coppens A*: Page de garde GB; *Diapress/E. De Vocht*: Page de garde, 10-H, 10-B, 11, 15, 17, 19, 28, 30, 35, 36, 37, 38-B, 40, 45-H, 45-B; *Press & Pictures/Cordier S.*: Page de garde DH; *Samyn A*: 33; *Vorsselmans F.*: Page de garde DB, 32

D-MCMLXXXII-0001-296
Traduction française de A. Grégoire

Table des matières

Comment observer la nature

Où trouver la nature?

La seule réponse valable, qui consiste à dire que la nature est partout, est vraisemblablement peu satisfaisante. Par «nature», nous entendons souvent de manière incorrecte les paysages «sauvages» des bois, des landes, des marais, des étangs et des canaux, des montagnes et des déserts. Mais la nature, c'est aussi le monde végétal et animal des jardins et des parcs. Elle entretient donc incontestablement certains rapports avec l'homme dans son environnement immédiat.

On dit souvent, avec bon sens, que la nature n'existerait pas, surtout dans nos pays encore partiellement agricoles, sans les paysans, et les professions apparentées, comme tourbiers, fabricants de balais et vanniers.

Chez nous pourtant, la véritable nature «sauvage», celle que l'homme n'a pas encore marquée de son empreinte, n'existe pratiquement plus. Nous devons donc observer le phénomène «nature» dans une autre perspective, qui nous fera adhérer aux arguments des amis de la nature mais aussi — et c'est très important —, nous permettra de vivre une vie belle et saine, pour tout dire, «naturelle». D'ailleurs, en tant qu'êtres humains, nous sommes une des composantes de la nature universelle: beaucoup de nos comportements (manger, boire, se reposer, dormir, aimer et se reproduire) nous rapprochent des autres êtres vivants.

Et pourtant, ne pensons-nous pas souvent leur être supérieurs en notre qualité d'êtres humains? N'avons-nous pas eu l'illusion de pouvoir disposer de la nature «sauvage» à notre guise pour y construire des villes et des usines, des autoroutes et des ports, sans tenir compte le moins du monde de l'équilibre naturel.

Depuis quelques années seulement, nous nous rendons compte avec surprise, mais de plus en plus clairement, que c'est tout à fait impossible: la pollution de l'air et de l'eau, les dépôts d'immondices, une architecture anarchique, nous ont ouvert les yeux. Observons donc mieux la nature. Et pas seulement celle qui s'étend au loin (bien que les bois, les landes, les ruisseaux, et les étangs soient d'une beauté splendide), mais surtout celle que nous pouvons sentir, toucher, appréhender avec nos propres sens.

Si nous voulons bien y être attentifs, nous nous apercevrons rapidement qu'il nous est possible d'observer toute une série de phénomènes qui se déroulent dans un bac sur l'appui d'une fenêtre, dans notre jardin ou dans la rue et que ces phénomènes appartiennent de plein droit au domaine de la «vraie» nature.

Que nous faut-il pour observer?

Nos propres sens suffisent amplement. Il faut aussi aimer observer, expérimenter, vivre les phénomènes. Heureusement, les enfants ont naturellement en eux cet appétit de connaître. Tes meilleurs alliés seront d'ailleurs souvent ces adultes-là qui ont conservé un don d'intérêt pour ce qui les entoure. Ils seront toujours prêts à t'accompagner dans tes excursions à travers la nature.

Un deuxième réflexe qu'il faut avoir, c'est être toujours prêt à s'agenouiller, à se rapprocher des processus vitaux importants

qui se déroulent sur la mousse ou dans l'herbe. Ils ne sont observables que si on a le nez collé dessus. Tu devras aussi apprendre à poser des questions et à savoir où trouver les réponses. N'aie pas peur d'interroger les gens que tu ne connais pas, les gardes-chasse, les paysans, les ouvriers des fermes, les promeneurs, les pêcheurs, les jardiniers, tous ceux qui, en bref, ont un rapport étroit avec la nature. Si ces derniers peuvent t'aider, le plus souvent, ils ne manqueront pas de le faire.
Tu peux également utiliser quelques ustensiles bien pratiques. Tu n'auras d'ailleurs aucune difficulté à te procurer la plupart d'entre eux: de petits pots, des sacs et des récipients en plastique, une série de petits bacs de même matière ou en verre, un couteau, une petite pelle. Une loupe toute simple, dont le pouvoir grossissant ne dépasse pas les 10 ×, te viendra aussi à point: une loupe pour timbres ou un

Place une cachette légère et facile à transporter à un endroit où tu as trouvé des empreintes d'animaux ou sur les rives d'un lac. Après quelques jours, les animaux seront habitués à ta cachette et tu pourras dès lors les observer.
Ne fais surtout pas de bruit.

compte-fils (loupe grossissante pour tissus) fera déjà l'affaire.

Un simple appareil photo convient bien et est actuellement d'un prix très abordable. Un microscope n'est pas absolument nécessaire. Très souvent, tu pourras en emprunter un dans une école ou auprès des services et des associations compétentes. Il est faux de croire que le microscope est trop difficile à utiliser: quand on leur a expliqué son fonctionnement, même de petits enfants peuvent très bien se débrouiller avec cet appareil.
Si tu souhaites en acheter un, prends d'abord conseil auprès de ton professeur de biologie ou d'un expert.

Comment observer les mammifères

Quels sont ceux qui vivent dans notre entourage?

Beaucoup de mammifères que nous côtoyons tous les jours, sont des animaux dont la survie dépend de l'homme: il s'agit d'animaux domestiques, tels les chiens, les chats, les cochons d'Inde, les rats apprivoisés, les souris, les hamsters et les lapins. En font partie également les animaux de la ferme comme les moutons, les vaches, les porcs, les chevaux et dans le même milieu, le groupe formé des poneys, des ânes et des chèvres.

L'observation et le contact de ces mammifères domestiques, élevés par l'homme, sont très intéressants. On peut ainsi suivre les étapes les plus importantes de la vie de ces animaux: l'accouplement, la croissance du petit dans le ventre de sa mère, sa naissance au moment où il est déjà bien formé, et la façon caractéristique dont il se nourrit, en tétant.

Il est plus difficile d'observer les mammifères sauvages. Cela ne veut pas dire qu'il n'en existe pas. Ils sont même très nombreux, plus sans doute que les humains eux-mêmes. Ils sont simplement très farouches.

Ci-dessus: ces excréments indiquent le passage de lapins.
Ci-dessous: sur la neige fraîche, les empreintes sont facilement identifiables. Ici, celles d'un lapin.

Comment attirer des mammifères sauvages dans notre jardin?

Sans nous en rendre compte, nous en attirons beaucoup: les rats, les souris et les chats errants sont attirés par les immondices et les restes de nourriture et s'approchent des habitations. Surtout à l'heure actuelle, où l'on utilise tellement de sacs poubelles et de boîtes en plastique. Nous pensons plutôt ici aux gentils mammifères, comme les hérissons, les chauve-souris, les écureuils et les chevreuils. Ceux-ci se manifestent uniquement s'ils habitent le voisinage. Ceux-là par contre sont nettement moins fréquemment associés à un type particulier d'environnement. Tu en apercevras sans doute dans les grandes villes, mais il faudra d'abord apprendre à les observer.

Les hérissons se manifestent la plupart du temps au crépuscule. Ils affectionnent la protection de feuillages épais et de buissons denses. Dans cette couche de feuilles, ils trouvent leur principale source de nourriture: des vers et de grands insectes vivant dans le sol. Si tu veux en attirer dans ton jardin, pense donc à disposer sous les arbres et les buissons des feuilles sèches en abondance. Un bol de lait peut également servir d'appât. Tu peux aussi attirer d'autres mammifères avec des restes de nourriture, surtout des déchets de légumes et des épluchures de pommes de terre, ou des pommes de terre cuites et du pain. Veille à ne pas gaspiller la nourriture que tu leur destines.

Donne à chacun sa nourriture spécifique; il faut que ta nourriture corresponde au seul mammifère que tu désires observer, et n'attire pas d'autres animaux nuisibles, comme les rats et les souris. Nous avons vu qu'il s'agissait de lait, de vers de terre ou de farine dans le cas des hérissons. Si ce sont des lapins ou des lièvres, dispose surtout des carottes, de la salade et du fourrage.

La nourriture n'attirera pas les chauve-souris, mais bien un abri où nicher: des maisonnettes spéciales et des trous dans les arbres et les murs.

Quelles traces de leur passage les mammifères laissent-ils derrière eux?

Tout d'abord, des empreintes, naturellement, celles de leurs pattes antérieures et postérieures. Observe aussitôt après leur passage la position des empreintes les unes par rapport aux autres: peux-tu distinguer les traces laissées par les pattes avant et arrière? Observe leur forme. Ainsi, tu feras mieux le départ entre les sabots et les griffes des animaux.

Avec un peu de patience, tu pourras observer des mammifères dans ton jardin. Sur l'illustration, tu aperçois une souris commune et un hérisson. Ils se manifestent souvent le soir et la nuit. La taupe a creusé des galeries sous le gazon.

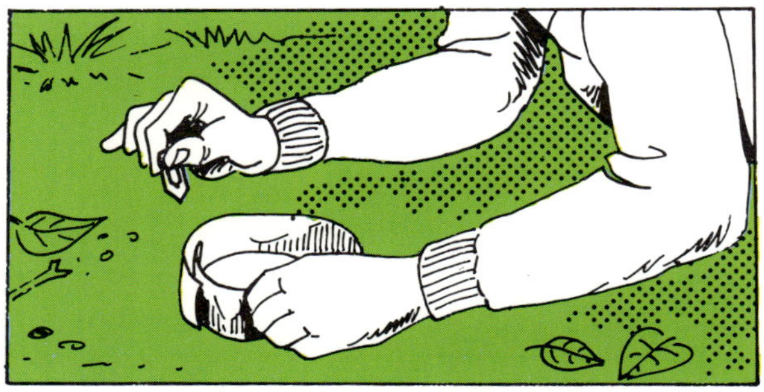

Lorsque tu prends des empreintes, il est important de les choisir aussi nettes que possible. En effet, une empreinte à demi-effacée ne donnera qu'une reproduction imprécise. Epoussète l'empreinte très précautionneusement avec un pinceau doux. Délimite l'empreinte avec un bord de papier fort ou de plastique enduit de graisse. Prépare ton plâtre, de préférence dans une vieille balle plastique coupée en deux. Veille à ce que le plâtre ne s'épaississe pas trop et ne fasse pas de grumeaux. Attends patiemment que le plâtre soit bien sec!

Apprends à reconnaître les traces des chiens et des chats dans les sentiers des bois et des parcs, celles des chèvres et des vaches à la ferme. En pleine nature, le risque de confusion est plus grand. Quand il a neigé, tu peux très facilement suivre la piste des empreintes. Tu apprendras à reconnaître les empreintes des lapins, des lièvres, des chevreuils, des cerfs, des sangliers. Celles aussi des écureuils, des souris, des rats, des taupes. Et même celles d'un animal que, sans doute, tu ne pourras jamais observer à d'autres occasions, car il est terriblement peureux: le blaireau.
N'examine pas que les empreintes de pattes. Des traces de grattage, de frottement répété, des restes rongés, sont autant d'indications claires, tout comme les excréments. Ceux-ci signalent sans équivoque la présence des mammifères sauvages qui vivent sur un territoire déterminé.
Les animaux victimes de la circulation nous fournissent également, d'une manière tragique, de nombreuses indications. C'est particulièrement vrai pour les blaireaux, dont les congénères écrasés nous renseignent sur l'espèce dans sa globalité. Bien entendu, les terriers et les pistes nous sont également une source précieuse d'informations.

Les empreintes des traces laissées par les animaux

Collecter divers objets provenant de la nature ne s'accompagne pas forcément de déprédation. Nous reviendrons sur ce point. Une des manières les plus inoffensives et en même temps des plus agréables de le faire, c'est de rassembler des traces d'animaux sous toutes les formes. Non seulement des empreintes de pattes, mais également tout ce qui atteste l'existence d'une vie animale.
En premier lieu, la récolte des excréments. C'est très important et bien moins « sale » qu'il n'y paraît. Fais-les bien sécher, tu les conserveras d'autant mieux. Tu peux également conserver les traces de festins animaliers: des morceaux d'écorce rongés, un trognon de pomme de pin, dont les écailles ont été enlevées d'une certaine manière pour être mangées. Souvent aussi, tu trouveras des restes de crâne et de carcasses rejetés par les oiseaux de proie. La distinction entre excréments de hiboux et crottes

1. *Hérisson*
2. *Lapin*
3. *Rat musqué*
4. *Ecureuil*
5. *Campagnol*
6. *Mulot*
7. *Chat*
8. *Renard*
9. *Hermine*
10. *Chien*
11. *Mouton*
12. *Sanglier*
13. *Biche*
14. *Chevreuil*
15. *Chèvre*

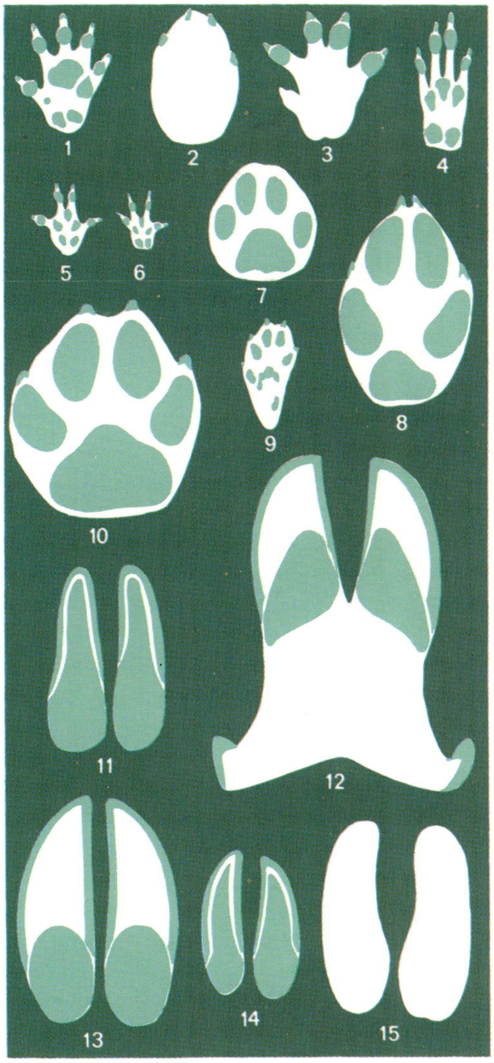

de renards par exemple est très intéressante et apporte beaucoup d'information. Sur ce sujet, il existe des listes d'identification très complètes.

Comment construire un abri à chauve-souris?

Un abri à chauve-souris se construit de la même manière qu'une maisonnette pour les oiseaux. Seule, la forme en est différente et sera réalisée dans un fond assez grossier. Il faudra construire l'abri en tenant compte des habitudes de l'espèce particulière que l'on désire attirer. Seules les chauves-souris qui hibernent dans des trous ou y passent la journée, viendront dans l'abri que tu leur auras destiné. Il faudra encore que la chance te sourie car, une fois l'abri accroché, tu n'auras aucune garantie qu'il sera bien habité. Ces dernières années, on détecte de plus en plus les chauves-souris avec des appareils appelés «bat-detectors», des amplificateurs électroniques avec microphones sensibles, qui rendent audibles leurs cris à nos oreilles humaines. Grâce à ces techniques, il semble bien que l'on puisse trouver des chauves-souris pratiquement partout. Une fois que tu auras repéré leur vol rapide, mais saccadé, tu les découvriras aisément aux endroits habituellement fréquentés par de nombreux insectes volants.

Bien que les chances soient minces qu'elles viennent habiter ton abri, il est très important de leur construire de plus en plus de refuges. En effet, à cause du rebouchage des contre-murs dans les maisons, l'abbatage d'arbres creux et l'isolation protectrice des greniers et des tours d'église, il y a de moins en moins d'endroits où les chauves-souris peuvent se réfugier.

Abri idéal pour chauves-souris

Comment observer les oiseaux

Où vivent la plupart des oiseaux?

Pour la pleine nature, on ne peut donner de règles fixes, parce que, dans tous les types d'environnement, ou, comme les biologistes les appellent, dans tous les biotopes, les oiseaux jouent un rôle important. Où que tu te trouves, tu en rencontreras, car leurs espèces sont extrêmement variées. Ainsi, on en voit aux pôles, mais également dans les savanes arides et les toundras. Seulement, dans certains environnements, la multiplicité des espèces est moins grande et ces espèces plus rares sont constituées d'un plus petit nombre d'exemplaires: dans la forêt tropicale par exemple vivent plus d'oiseaux qu'aux abords des déserts.

De prime abord, on serait tenté de dire que très peu d'oiseaux vivent près des lieux d'habitation ou de travail des humains. C'est loin d'être exact: on rencontre énormément d'oiseaux dans les villes et les villages. Même au cœur des villes très peuplées existent d'importantes communautés avicoles. La seule différence vient du nombre réduit des différentes espèces. Pour juger de la qualité d'un bon milieu de vie, d'une parcelle de nature «saine», il n'y a qu'à observer le nombre d'espèces différentes d'oiseaux, non seulement donc le nombre total d'exemplaires d'une même espèce, mais surtout la présence de variétés bien diversifiées. Il est important également de noter le comportement de toutes ces populations les unes par rapport aux autres.

Dans les grandes villes, par exemple, on rencontre un nombre important de pigeons, retournés, pour la plupart, à l'état sauvage. Ce groupe cependant n'est pas sain génétiquement, car le nombre de ses ennemis naturels est beaucoup trop petit. Ainsi, il y a beaucoup trop peu d'oiseaux de proie pour veiller à l'élimination des jeunes pigeons trop faibles. Il y a également trop peu de prédateurs (destructeurs d'œufs et de nids), comme les corneilles pour assurer un équilibre naturel.

Où les oiseaux cherchent-ils leur nourriture?

Les oiseaux cherchent leur nourriture à l'endroit même où se déroule leur vie. Au cours de l'évolution (le développement de la vie sur terre), les êtres vivants et par conséquent, les diverses espèces d'oiseaux ont subi des adaptations qui les ont constamment mieux aidés à survivre. En effet, trouver soi-même sa nourriture est l'un des moyens les plus importants de rester en vie. Il est vraisemblable que, lorsqu'il existait dans un territoire déterminé (une communauté ou un biotope) une menace de surpopulation, il se produisait une pénurie alimentaire qui touchait toute l'espèce. Ceci donnait lieu à une adaptation, au cours de laquelle un certain nombre de représentants de l'espèce acquéraient d'autres habitudes de vie ou cherchaient une nourriture différente. Au fur et à mesure du développement de la vie, ou, pour utiliser un terme biologique, au fur et à mesure de l'accroissement des populations, les différences se firent plus grandes entre ces espèces maintenant séparées et à un moment donné, on obtint ce qu'on peut appeler les différentes familles d'oiseaux.

Un des plus importants chercheurs et

grand observateur de la nature, DARWIN, a pu démontré cette théorie à partir des diverses espèces de pinsons des îles Galapagos. Là vivent des pinsons qui, presque à coup sûr, descendent tous d'une même espèce commune. De nos jours, ils se différencient par la nourriture, la forme du bec et un mode de vie propre à chaque groupe. Ces différences sont d'ailleurs telles qu'on peut parler d'espèces, inaptes à se reproduire entre elles.

Si tu veux savoir où les oiseaux trouvent leur nourriture, observe leur aspect extérieur. La forme du bec et des pattes révèle un type précis de nourriture et de milieu. Le comportement en vol est également une bonne indication: pour t'en convaincre, suis des yeux par exemple des hirondelles en chasse ou une crécerelle «en prière».

Les moineaux et les merles apparaissent nombreux dans les jardins publics et les parcs. Souvent, les moineaux sont farouches. Sur le mur de l'illustration se trouve un moineau mâle et sur le sol une femelle. L'oiseau noir est un merle mâle. La femelle du merle est brun foncé.

Comment attirer des oiseaux dans son jardin?

Comme nous l'avons vu précédemment, la source de nourriture conditionne dans une large mesure l'existence de l'oiseau dans un territoire déterminé. Il vit dans une «aire de nourriture». Si nous voulons attirer des oiseaux dans notre jardin, nous devons transporter ce raisonnement et veiller à y maintenir une source constante de nourriture. Pour attirer des oiseaux mangeurs d'insectes, il faut planter le jardin en conséquence, ce qui permettra à de nombreux insectes d'y prendre leurs quartiers. En plantant par exemple des buissons épais à feuillage dense. Plus important encore, il

faut veiller à laisser sur le sol les feuilles et les branches tombées pour qu'une communauté d'insectes rampants se développe à cet endroit.
Cette communauté d'insectes comprendra entre autres des vers, des cloportes, des perce-oreilles, des escargots, des coléoptères, des mouches, des chenilles, etc. Ces insectes serviront de nourriture aux merles, rouges-gorges, mésanges et autres. Il faut voir les opérations de «ratissage» effectuées par les merles et les grives! Tu peux aussi observer la façon typique avec laquelle les grives mangent les escargots: elles utilisent une pierre spéciale pour briser leurs carapaces. Nous appelons cet endroit «l'enclume des grives».
Si tu veux attirer des oiseaux mangeurs de fruits, tu devras planter beaucoup d'arbres fruitiers et d'arbustes. Leurs fruits, cerises ou baies, constitueront le plat favori des moineaux, des merles et des grives. Les fruits de l'aulne leur seront aussi une bonne source de nourriture.

Pourquoi certains oiseaux migrent-ils en hiver?

Cette question dépend aussi des habitudes alimentaires d'une espèce particulière. Cela n'a donc rien à voir avec un quelconque changement de température. Tout au moins pas directement: les oiseaux ne migrent pas parce qu'il fait plus froid et qu'ils ne le supporteraient pas. La température joue un rôle dans la mesure où la source de nourriture, des insectes la plupart du temps, se raréfie lorsque la température descend.
Aux premières rigueurs du gel (nocturne), les insectes et les invertébrés meurent souvent. Pas avant pourtant d'avoir assuré leur descendance. Un certain nombre d'espèces se déplacent en rampant et élisent domicile dans des arbres creux ou dans une couche de feuilles mortes tombées sur le sol. Mais la plupart des insectes meurent à l'âge adulte, quand l'hiver approche.
Pour les hirondelles surtout, qui happent les insectes en vol, commence une période de grande disette. Elles s'envolent alors vers le Sud, à la recherche de nouveaux territoires, où vivent encore des insectes, grâce à une température plus clémente. Il n'est pas vrai que les insectes n'émigrent pas. Certaines espèces de papillons couvrent ainsi de grandes distances.
Les oiseaux migrateurs passent la moitié de l'année à rechercher l'été sur tous les continents: lorsque c'est l'hiver chez nous, c'est l'été en Afrique du Sud (et en Australie). La plupart des oiseaux s'envolent vers les régions méridionales de l'Afrique. Comme tu peux t'en rendre compte facilement en regardant la carte de la page 26, les oiseaux migrateurs suivent les côtes au plus près pour avoir le moins possible à traverser les mers. C'est ce qui explique la grande route de migration au-dessus de Gibraltar.
Les mésanges migrent d'une autre façon: des bois vers les villes avec comme cibles les arbres à fruits (aulnes et bouleaux).
En été, elles mangent aussi des insectes, mais en hiver, elles se nourrissent de graines et de fruits.

Pourquoi les oiseaux chantent-ils?

Nous avons utilisé plus haut le terme «aire de nourriture»: le territoire qui fournit sa nourriture à un oiseau en particulier ou à l'ensemble des membres d'une espèce déterminée. De toute manière, ce terme est valable non seulement pour les oiseaux, mais pour tous les animaux. Un paysage géographique, un bois par exemple, est donc constitué de toute une série d'aires de nourriture, qui souvent se recouvrent et parfois

même servent à plusieurs espèces.
Mais le premier « propriétaire » s'y nourrit pendant la journée, tandis que l'autre s'y approvisionne au crépuscule. Ou bien tel oiseau s'y nourrit de fruits, tandis que tel autre met des insectes à son menu. Il ressort de tout ceci que la vie dans un biotope obéit à un schéma très complexe, qui voit coexister diverses espèces animales avec leurs caractéristiques propres. Tout comme une ville avec ses divers habitants, services et entreprises. Seulement, dans la nature, le processus est encore plus complexe et moins bien observé. Il est en effet plus facile de communiquer avec des personnes qu'avec des oiseaux ou des insectes...

A l'orée du bois vivent beaucoup d'oiseaux. La mésange charbonnière (à gauche en bas) et le pinson (au centre en bas) apparaissent également dans les jardins. Le geai (en dessous à droite) et l'épeiche (au centre à droite) n'apparaissent que dans les bois et les parcs. Le hibou est un oiseau rare.

A côté de ces aires de nourriture, on connaît aussi des aires de reproduction. Ces dernières sont délimitées d'une manière plus claire. Souvent le mâle se met en quête d'un territoire, c.-à-d. le domaine où il est le seul maître, au début du printemps, parfois même aux premiers jours ensoleillés de février. Il signifie sa prise de possession par un chant approprié. Il tentera alors d'éloigner de son territoire tous les autres animaux, en particulier, tous ses autres congénères. Sur un territoire de reproduction, un seul mâle est autorisé. S'il en vient un autre, les menaces ou la guerre se succèdent jusqu'à ce qu'un des deux disparaisse.

Quels sont les différents types de nids?

Les humains ont des types d'habitations bien différents, surtout si nous envisageons cela à l'échelle mondiale: tu n'as qu'à comparer nos maisons et celles des pays africains. Et tu peux poursuivre ta comparaison avec les igloos et les huttes des eskimos. Autant de façons de s'abriter et de se protéger contre les intempéries et les agressions, selon les diverses régions du monde.

Il en est de même chez les oiseaux: chaque espèce construit un type particulier de maison, en fonction de ses habitudes de vie et de ses possibilités de protection. Certains réalisent un nid artistiquement tissé de branchages, d'autres se contentent d'un simple renforcement dans l'herbe.

La nidification est tributaire de la manière dont les petits se développent. Observons les canards: la plupart du temps, leur nid est très simple, tout au plus, un trou avec quelques brindilles de paille. La couleur des œufs (blanc-verdâtre) offre un certain degré de protection, mais la couleur de la mère lui sert de camouflage, et la fait passer presque inaperçue quand elle couve. Un tel nid à même le sol reste bien évidemment très vulnérable. C'est pourquoi les canes pondent de gros œufs d'où sortent, après la période de couvaison, des jeunes déjà bien développés: les poussins ou canetons voient tout de suite, peuvent trouver eux-mêmes leur nourriture et savent nager. Leur peau est déjà couverte d'un fin duvet de plumes.

Tous les animaux dont les petits peuvent vivre directement d'une manière relativement autonome, «fuient le nid». C'est surtout vrai des animaux qui vivent à découvert sur la terre ferme.

Beaucoup d'oiseaux trouvent cela trop dangereux et couvent dans des anfractuosités moins accessibles. D'autres espèces construisent elles-mêmes leur nid. La sécurité plus grande des repaires et des nids fait que les œufs sont plus petits et que les jeunes, en naissant, sont moins développés: la plupart du temps, ils naissent chauves et aveugles et les parents doivent s'en occuper pendant une longue période.

Quelle est l'utilité de jumelles?

Quand on observe des animaux et surtout des oiseaux, il faut surveiller son comportement: se déplacer calmement, parler bas et prospecter les territoires appropriés. Comme on l'a indiqué plus haut, ces derniers sont souvent plus proches qu'on ne le pense.

Une paire de jumelles aide à obtenir, grâce à une vision rapprochée, une série d'informations plus précises. Elles permettent d'observer le comportement des animaux et d'en retirer un grand agrément. On les utilisera aussi pour mieux distinguer les différentes espèces. Pour identifier un oiseau, il suffit de comparer l'exemplaire observé à celui décrit par les planches d'un livre spécial, appelé «guide ornithologique». Voilà pourquoi la connaissance des mœurs des oiseaux est-elle si précieuse: la façon dont l'oiseau vole, marche, ou sautille fournit souvent une indication significative, outre la grandeur de son corps et la couleur de son plumage.

Des jumelles doivent toujours rester agréables — à manipuler et surtout à porter —: si elles sont trop lourdes, elles seront vite une gêne lors d'excursions dans la nature. La plupart du temps, tu veilleras à élargir la bride de soutien à l'endroit du cou et à la garnir de velours doux, sinon, elles te couperont et seront vite désagréables à porter. Choisis donc de préférence des jumelles légères. Leur pouvoir grossissant ne sera pas trop grand parce que chaque mouvement de ton corps sera lui aussi grossi. Un pouvoir grossissant de 7 × 35 ou de 8 × 40 est plus que suffisant. Actuellement, le mécanisme de mise au point est très fort simplifié. Si tu le peux, choisis un objectif à mise au point rapide, dit « quick focus ». Une petite molette assure très vite le bon réglage. Elles sont donc très faciles à utiliser, même pour de jeunes enfants.

Sur cet étang apparaissent quelques oiseaux aquatiques bien connus: à gauche le héron cendré, au centre la foulque presque noire, le milouin à la tête et au cou bruns; plus bas, le canard d'Islande avec son bec rouge. A l'avant-plan nage un canard sauvage mâle.

Nous te conseillons d'utiliser une bonne paire de jumelles pour apprendre à observer les gros animaux, tels les canards, les oies, les cerfs, les chevreuils et les sangliers.
Actuellement, il en existe de bon marché, dont la mise au point est très facile.

Protège les lentilles avec une petite visière anti-pluie en cuir ou en plastique, que tu attacheras à la lanière porte-jumelles.

Comment enregistrer des chants d'oiseaux?

Actuellement, les appareils électroniques sont de moins en moins chers et fragiles. A peu de frais, tu pourras te procurer un bon enregistreur à cassettes, fonctionnant également sur piles. Pour réaliser des enregistrements de cris d'oiseaux et d'autres animaux, on utilisera un cassettophone portable, aussi léger que possible.
Ne le choisis quand même pas trop bon marché avec un microphone incorporé; il vaut mieux se tourner vers un enregistreur avec micro séparé. C'est souvent l'élément le plus cher, mais il est indispensable pour réaliser de bons enregistrements dans la nature.
Ce micro sera très sensible et sélectif: il ne doit capter que les sons compris dans un certain champ d'action et le moins possible en dehors, sinon, tu enregistreras aussi le bruit de tes pas et le frottement de tes vêtements au contact d'arbres ou de buissons. Utilise des cassettes de bonne qualité d'une durée de 60 minutes au maximum, c.-à-d. 30 minutes par face.
N'enregistre pas trop de sons différents qui risquent de se mélanger. S'il s'agit d'oiseaux, commence au lever du jour, lorsqu'il fait encore sombre. Les différentes espèces se mettent à chanter chacune à leur tour. Pour reconnaître à coup sûr les chants qui correspondent à chaque espèce, tu peux écouter certains très bons disques du commerce.
Enregistre sur ta bande au moment même ou directement après le nom de l'oiseau qui chante; le noter sur une liste séparée pose beaucoup de problèmes.

Comment construire une hutte-abri?

Si l'observation et la photographie d'oiseaux, dans le nid même, te passionnent, tu auras besoin d'un poste d'observation abrité. Surtout si tu désires les filmer, ce qui est tout à fait possible actuellement, avec les appareils meilleur marché et d'une utilisation simplifiée.
L'abri te viendra bien à point, non seulement pour observer des oiseaux, mais aussi d'autres animaux en liberté dans la nature. Pensons par exemple aux chevreuils, cerfs, renards et autres.
L'observation des blaireaux est d'ailleurs impossible sans un bon abri (et énormément de patience...).
En Allemagne surtout, on utilise une hutte très simple qui remplit parfaitement son rôle. A vrai dire, elle n'a de hutte que le nom. C'est plutôt une sorte de banc élevé dans un arbre, parfois réalisé avec une ou deux planches, fixées en haut de l'arbre et accessibles par une échelle. Ce sont

Lorsqu'on réalise des enregistrements sonores dans la nature, il est important de capter les sons d'une manière sélective. La photo te montre le fonctionnement d'une "échelle" de captation: au milieu se trouve un micro sensible. Tu peux contrôler l'enregistrement au casque.

d'excellents postes d'observation pour le gros gibier et les oiseaux.

Si tu veux construire un abri quelque part ou y faire des observations répétées, demande toujours au préalable l'autorisation du propriétaire du terrain. Si tu ne parviens pas à le trouver, on pourra toujours te renseigner à la mairie.

Ton abri ne doit pas attirer l'attention et sera donc réalisé en matériaux qui cadrent avec l'environnement: au milieu des roseaux, ce sera une hutte faite de petits coussins de même matière; dans les fourrés, tu adopteras une hutte de branchages feuillus. La toile seule suffit très rarement; la plupart du temps, il faudra la recouvrir avec des matériaux naturels. Lors de la construction de ta hutte, travaille aussi silencieusement que possible; ne fais surtout pas de sentiers, ce serait peine perdue.

Pourquoi baguer les oiseaux?

Beaucoup d'espèces sont baguées pour permettre une meilleure connaissance de leurs itinéraires de migration et du nombre approximatif qui les constituent. On détermine alors plus facilement le déroulement des migrations de printemps et d'automne, ainsi que les endroits où les oiseaux s'approvision-

La fabrication et l'utilisation d'une hutte-abri est très importante et instructive. Surtout si tu la construis près d'un point d'eau tranquille. Utilise autant que possible les matériaux que tu trouveras sur place mais ne les découpe pas à l'endroit même. Va t'approvisionner un peu plus loin du lieu ou tu désires construire l'abri. Veille à ne pas laisser une piste visible de ton passage à la hutte. Il vaut mieux essayer de marcher sur du sable, du gravier ou tout autre revêtement dur. Ne te rends pas à la hutte en groupe et fais bien attention à la direction du vent: marche contre le vent.

Le baguage des oiseaux est très important pour la recherche scientifique: il permet de se faire une meilleure idée des routes de migration et de l'état de santé de la gent ailée. Si le baguage est soigneusement réalisé et la bague suffisamment légère, l'oiseau n'en a aucun désagrément.

nent en nourriture au cours de leur voyage vers les aires de repos et de reproduction. Le baguage a lieu le plus souvent quand les jeunes sont encore très petits, donc dans le nid. On veille évidemment à ce que le poids et la matière des bagues ne gênent pas les animaux dans leur comportement et surtout, ne les blessent pas. Cela paraît aller de soi, mais le baguage des chauves-souris par exemple a souvent provoqué des blessures tellement sérieuses que beaucoup en ont souffert ou en sont mortes.

On ne bague pas que les oiseaux au nid, quand ils viennent de sortir de l'œuf; en certains endroits, on les capture aussi à l'aide de grands filets, pour les baguer. Au cours de l'opération, on fixe à l'une des pattes de l'oiseau un petit anneau portant un numéro d'ordre et un numéro correspondant à la station d'où ils proviennent. Quand ils en trouvent, les ornithologues les renvoient automatiquement. A vrai dire, tout le monde peut le faire: il suffit de contacter un responsable des environs ou une association ornithologique régionale.

Dans ton jardin surtout, tu auras sans doute la chance de voir des visiteurs ailés te faire tellement confiance qu'ils viendront manger dans ta main. Veille alors à leur donner la nourriture qui leur convient.

Lors du baguage, toutes les données concernant le sexe, l'état de santé, la qualité des plumes, l'âge présumé, la taille et le poids sont soigneusement notées. Le plus souvent, ces données sont rassemblées et traitées à l'aide d'ordinateurs à l'échelle régionale, européenne et même mondiale.

Comment identifier les oiseaux?

Il est très important de posséder un bon guide ornithologique, qui reprend et décrit tous les oiseaux que tu peux rencontrer. Rien n'est plus ennuyeux que de travailler avec un ouvrage de références, qui ne souffle mot de plusieurs espèces. Le plaisir qu'il pourrait procurer disparaît rapidement.

Il est bon également que le guide contienne des planches descriptives et des photos. Le mieux, ce sont les guides qui indiquent dessin à l'appui, les caractéristiques externes les plus marquantes. Il existe également des guides qui t'aideront à parfaire ton observation en comparant les spécimens que tu vois avec un certain nombre de modèles types. Par référence à ceux-ci, tu découvriras un grand nombre d'autres oiseaux. Un tel guide indiquera par exemple: plus grand qu'un merle mais plus petit qu'un canard, ou bien, un peu plus petit qu'un cygne. Ainsi, tu limiteras ton examen à un groupe plus restreint, ce qui te permettra de trouver plus facilement le nom de l'oiseau que tu observes.

Le milieu où tu rencontres l'oiseau est très important. Dans beaucoup de guides, les différents environnements ou biotopes sont indiqués à l'aide de petits signes, des symboles. Tu peux donc te rendre compte directement si l'oiseau que tu veux observer se rencontre vraiment dans tel ou tel biotope ou si tu dois le chercher ailleurs.

Les cartes de population des guides remplissent le même rôle: elles indiquent les endroits que fréquentent les oiseaux d'une espèce donnée et ceux où ils se reproduisent.

L'identification sur base du chant est également concevable, mais assez difficile, et en général impossible à apprendre par les livres, bien que de nombreux guides essaient de reproduire par écrit le chant des oiseaux.

Comment savoir ce que les oiseaux mangent?

C'est d'abord en les observant que nous parvenons à déterminer quelle est la nourriture favorite des oiseaux. Il faut donc suivre leur comportement à ce moment-là. Va te poser près d'un bois, une rivière, un champ et observe quelque temps le genre de nourriture que les oiseaux attrapent, cueillent ou ramassent. Observe aussi la forme des becs: pointus et acérés, ils indiquent que l'oiseau se nourrit d'insectes; pointus, mais plus larges, en forme de gland, c'est que l'oiseau mange des fruits et des graines. Un bec plat signale que l'oiseau prend sa nourriture dans l'eau et la filtre. Un bec assez solide, en forme de poinçon, que l'oiseau mange des insectes qu'il trouve sur le sol. Des becs pointus, courbés et crochus indiquent que leurs propriétaires mangent de petits prédateurs. Les corneilles ont un bec très crochu qui leur permet de dérober les œufs et de piller les nids. Un long bec, plus ou moins plat, parfois même en forme de cuillère, rappelle que l'oiseau puise sa nourriture dans la vase des marais et des terrains poldériens. On l'observe entre autres chez les oiseaux-spatules, les avocettes et les courlis.
Outre la forme du bec, les pattes jouent également un rôle important: les griffes des oiseaux de proie leur permettent de saisir leur gibier. Les oiseaux des prés, des marais et des eaux ont des échasses pour barboter, comme le héron et les poules d'eau. D'autres, comme le vanneau et la grue, sautillent sur le sol. Le mouvement qu'ils font, fait remonter à la surface de nombreux insectes, qu'ils saisissent avec leur bec en forme de poinçon.
Si bec et pattes fournissent une indication sur le mode de nourriture, la façon dont ces organes réagissent de concert, ainsi que le comportement tout entier de l'oiseau, permettent de compléter l'analyse.

Une mangeoire est facile à réaliser et donne d'excellents résultats. Non seulement dans les jardins, mais également sur un balcon ou contre un mur, sous un appui de fenêtre. Il faut qu'il y ait des arbres à proximité, pour permettre aux oiseaux de s'enfuir ou d'épier les alentours sans danger. Veille à garnir la mangeoire d'un rebord. Sinon, les oiseaux éparpilleront toute la nourriture sur le sol. Veille également à ce que la mangeoire soit difficilement accessible pour un chat. Prévois de l'eau dans un bac plat, résistant.

Ci-dessus: un document intéressant. Un tronc d'arbre a été totalement creusé et des trous percés dans la paroi. Le tronc a été rempli de nourriture. Si les trous sont nombreux, beaucoup d'oiseaux pourront manger en même temps.

Comment aider les oiseaux en hiver?

Au premier abord, le conseil que je vais énoncer va vous paraître insensé: la meilleure aide à apporter aux oiseaux, en hiver, c'est de ne rien faire.
Pourquoi? Parce qu'ainsi, l'équilibre naturel peut se maintenir, ce qui signifie que dans un biotope déterminé, la nature s'occupe de l'élimination et de l'assimilation des animaux faibles, malades et âgés. Par l'assimilation, ils constituent à leur tour une nourriture pour les plantes, qui poursuivront leur croissance, et seront ensuite absorbées par les animaux plus jeunes, en bonne santé.

En donnant trop de nourriture d'une manière répétée, on maintient trop d'animaux en vie; on en vient même à ce que de nombreux animaux sains soient malades d'un excès néfaste de nourriture. On favorise aussi indirectement la prolifération des rats et des souris.
Il n'y a donc rien à faire? Bien sûr que si. N'oublions pas qu'il faut d'abord observer les animaux. Prenons les oiseaux, par exemple, quand il neige. En général, ils se rapprochent des habitations parce qu'ils savent qu'ils ont plus de chance d'y trouver quelque chose à manger. Il faut donc veiller à les nourrir consciencieusement, et non pas d'une manière inconsidérée, avec des restes qui attireront ce fléau, les rats. Dépose la nourriture sur une table réservée à cet effet; une simple planche posée sur un support, avec un bord relevé d'environ 4 cm de haut. Ceci pour empêcher que toute la nourriture ne tombe sur le sol; certains oiseaux, en effet, ont l'habitude de sautiller dans la nourriture. Nourris-les modérément. Laisse-leur toujours le temps de bien vider leur «assiette». Pour nourrir les mésanges, tu utiliseras des filets de graines spéciaux, ainsi que des boules de graisse contenant toutes sortes de graines, dont d'autres oiseaux aussi feront leur plat quotidien.

Comment réaliser une maisonnette pour les oiseaux?

N'oublions pas que ces abris sont exposés à toutes les intempéries. Il faut donc utiliser de préférence des planches de bois robustes plutôt que des produits synthétiques sous forme d'aggloméré ou autres. Il faut proscrire aussi les belles vis et les charnières en fer qui rouilleront très vite. Ainsi que la colle pour bois soluble à l'eau.
On utilisera des vis en cuivre ou en nickel, et de toute manière, le moins possible.

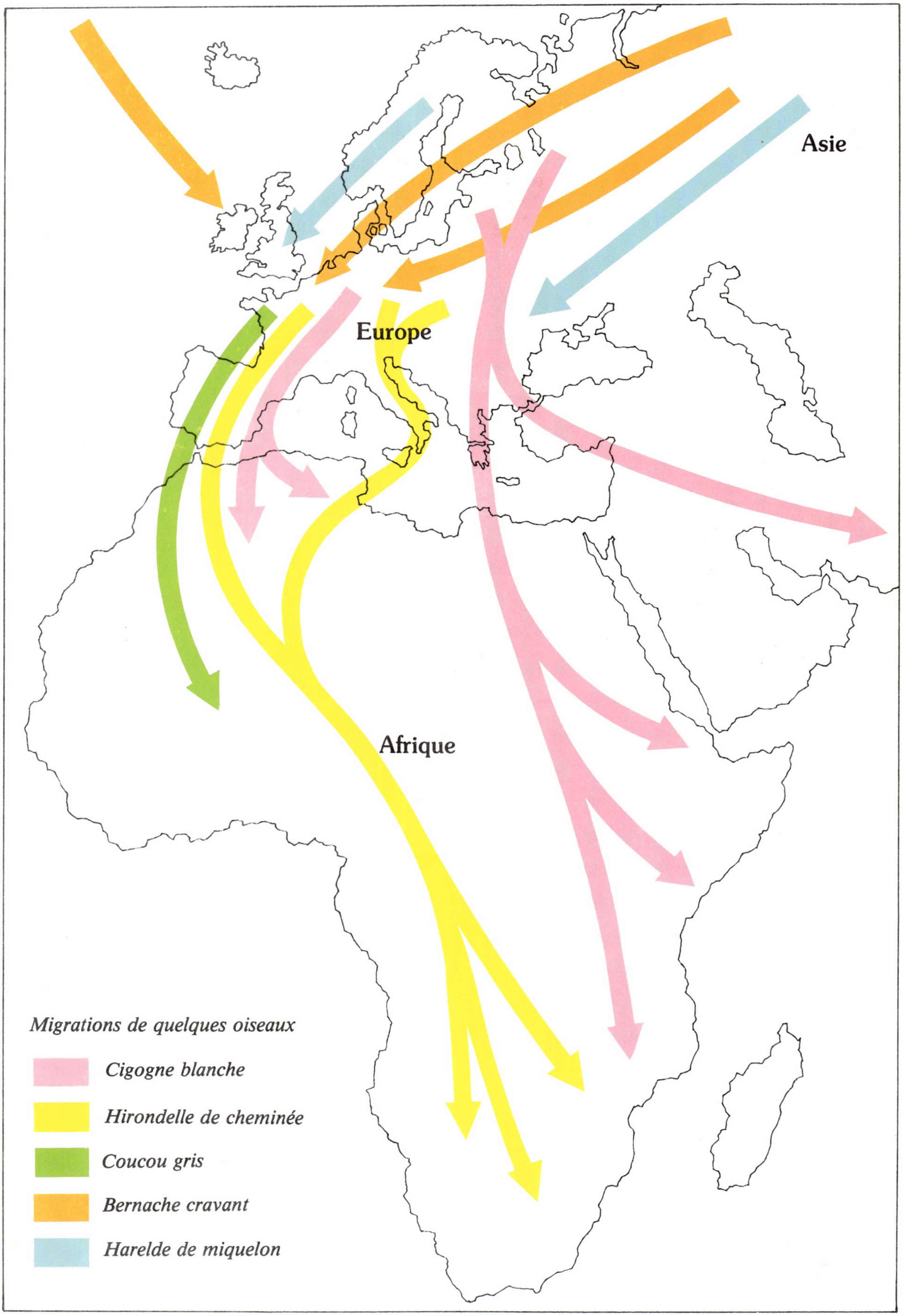
Asie
Europe
Afrique
Migrations de quelques oiseaux
Cigogne blanche
Hirondelle de cheminée
Coucou gris
Bernache cravant
Harelde de miquelon

Pour la réalisation du toit, pas de charnières non plus, mais quelques clous et deux ou trois vis, pour assurer sa fixation. Plus la maisonnette sera raffinée, plus vite elle sera hors d'usage.

Il faut veiller à ce qu'il soit possible de l'entretenir. Il faudra donc la nettoyer au moins 1 fois par an, de préférence en janvier, avant que les oiseaux ne délimitent leur territoire.

Seuls les oiseaux qui nichent dans des cavités viendront y habiter: c'est le cas des mésanges, des moineaux, des rouges-gorges etc... La grandeur de la porte d'entrée a également une grande importance. Le plus souvent, les livres spécialisés indiquent d'une manière précise ses dimensions pour telle espèce d'oiseaux. Si les ouvertures sont trop grandes, les étourneaux viendront très vite s'y fixer. L'observation en soi n'en est pas dépourvue d'intérêt, mais c'est une espèce que l'on rencontre en très grand nombre. Le succès plus ou moins grand de la maisonnette dépend aussi étroitement de la position de l'ouverture: elle doit être orientée au Sud-Est ou à l'Est pour réduire au minimum l'incidence de la pluie.

La hauteur où elle sera suspendue a aussi un rôle. Attention à la manière de l'accrocher: il faut penser à son entretien et à l'observation que l'on veut faire de ses occupants. Surtout pas de fil de fer autour du tronc de l'arbre, sinon l'écorce sera entamée et le tronc blessé d'une façon sérieuse. Une latte verticale clouée à la maisonnette et deux autres clous de fixation dans l'arbre suffiront. Ne pas peindre l'abri si ce n'est avec de la couleur non nocive pour les oiseaux. Lors de la construction de la maisonnette pour oiseaux, veille à ce que le toit protège bien le nid des rayons directs du soleil. Il ne faut pas que le toit le recouvre trop non plus, sinon, cela gênerait l'envol des oiseaux. La fonction la plus importante du toit, c'est d'empêcher que l'eau de pluie ne pénètre en cataracte par l'ouverture du nid. Veille donc à ce que l'avant du toit descende bien en pente. Si tu le construis autrement (et cela se voit encore parfois), l'eau s'infiltrera inévitablement le long de la paroi arrière, en augmentant les risques de maladie et même de mort chez les oisillons.

Le dessin ci-dessous te montre comment réaliser une maisonnette à oiseaux à l'aide d'une seule planche. Elle doit avoir au moins 2 cm d'épaisseur et sera rabotée de préférence.

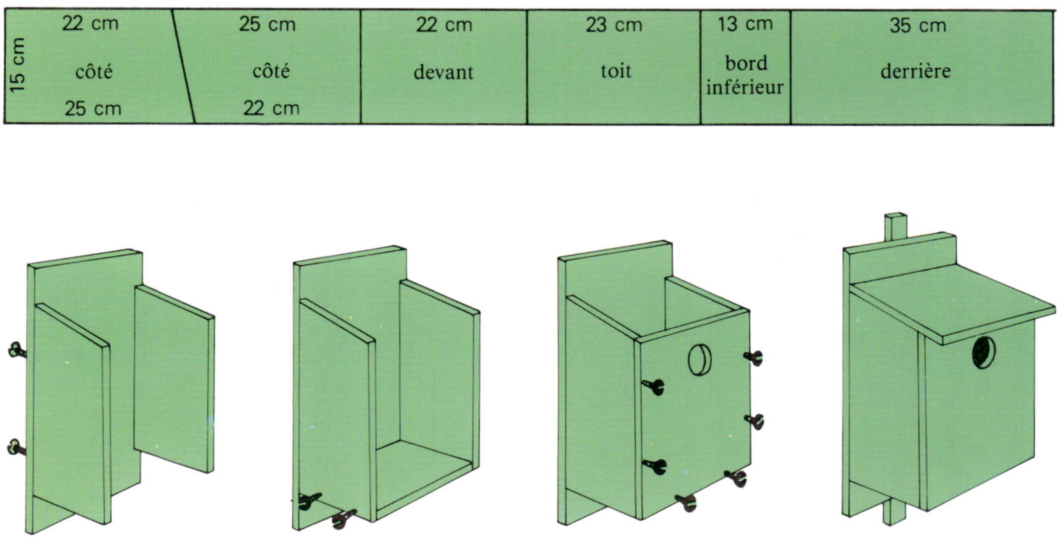

L'observation des insectes

Les insectes sont des animaux de très petite taille. Ils sont eux aussi fortement tributaires d'un territoire (de repos). Leur corps aux petites dimensions ne leur permet pas à première vue de parcourir de grandes distances en dehors de leur territoire. On les trouve donc toujours dans les arbres, les buissons, les landes, les prairies ou à proximité. Le plus souvent, à la surface du sol ou dans la terre même.

Où trouver des insectes?

L'eau également est un endroit privilégié, surtout là où, comme dans les marais, l'élément liquide et la terre se confondent. Bien que la plupart des insectes ne couvrent pas de grandes distances, il existe des exceptions fameuses: les abeilles peuvent voler des kilomètres durant pour trouver le pollen et les papillons migrateurs parcourent souvent des routes énormes. Les expéditions de pillage qu'entreprennent les sauterelles sont également bien connues: elles peuvent laisser derrière elles les traces dévastatrices de leur passage sur des centaines de kilomètres.

Pour observer valablement les insectes, il faut se rendre là où ils ont élu domicile. Prends ton matériel de prospection, et n'hésite pas à t'agenouiller dans l'herbe, la lande ou le bois pour mieux les approcher. Veille à bien les distinguer des autres petits animaux que tu approcheras.

D'abord, il faut se mettre d'accord sur ce qu'on entend par insecte. Pour parler savamment, nous dirons que c'est un animal à squelette externe. Contrairement à nous, humains, il n'a pas d'ossature à l'intérieur du corps. Une peau très dure, d'une substance cor-

Quelles sont les différentes espèces d'insectes?

Un des arbustes qui attirent le plus les papillons est le Buddleia davidii, reproduit ci-contre. On l'appelle aussi parfois arbuste à papillons. Chaque automne, il faut rabattre ses branches à trente centimètres environ du sol pour qu'il puisse à nouveau fleurir au printemps suivant. D'autres arbustes qui attirent beaucoup les insectes, papillons compris, sont le chèvrefeuille, le cornouiller, le sureau, l'aubépine et le prunellier ou épine noire. La plupart du temps, les fleurs de ces arbustes ont un parfum très prononcé.

1. *Paon du jour*
2. *Vulcain*
3. *Petite tortue*
4. *Soufre*
5. *Piéride du chou*
6. *Grand mars changeant*
7. *Machaon*
8. *Belle dame*
9. *Citron*

née, la carapace chitineuse, enveloppe les organes de son corps. Compare cela si tu veux à la carapace des crevettes, qu'il est possible d'ôter en la pelant.

Tous les insectes possèdent une structure du corps comportant: une tête, une partie centrale, le thorax, et à l'arrière, un abdomen. Les pattes, au nombre habituel de trois paires, s'attachent uniquement au thorax. Viennent ensuite les ailes, si l'insecte en a, reliées également au thorax. Ces ailes sont au nombre de deux, ou de quatre. Les mouches et moustiques, par exemple, n'ont qu'une paire d'ailes. Les papillons en ont deux. Chez les coléoptères, la paire d'ailes antérieures est durcie par la chitine et forme une cuirasse de protection.

On peut consacrer son existence entière, et encore sans épuiser la question, à l'observation des insectes, répondant à la description faite ci-dessus. En effet, il en existe plus de variétés différentes que chez tous les autres animaux réunis!

Comment une chenille se transforme-t-elle en papillon?

Beaucoup d'insectes subissent un changement de forme ou métamorphose. Pourquoi? Tout simplement parce que leur cuirasse chitineuse ne grandit plus. L'insecte doit alors muer. Les sauterelles qui sortent de l'œuf ressemblent déjà tout à fait à leurs parents. Ce sont de vraies sauterelles en réduction. Elles grandissent et font éclater leur peau devenue trop petite. En dessous, se trouve déjà leur nouvelle peau qui se durcit à son tour. Par ce processus de mues successives, la sauterelle croît jusqu'à atteindre la taille adulte. On appelle ce processus une métamorphose *partielle*.

La plupart des insectes, par contre, sui-

La « bête à Bon Dieu » est l'un des plus grands alliés de l'homme: cette coccinelle se nourrit de pucerons. Elle en consomme tellement qu'on en élève tout spécialement pour le déparasitage sans produit toxique.

vent l'exemple de la grande famille des papillons. Les jeunes larves sont tout à fait différentes des insectes adultes. Elles subissent un changement de forme total ou métamorphose *complète*.

Après l'accouplement du mâle et de la femelle, celle-ci dépose les œufs fécondés sur une plante, un arbre ou un buisson, dont les feuilles serviront de nourriture aux larves. Chez les papillons, on les appelle des chenilles. Etant donné leur petite taille et leur fragilité, elles sont fixées le plus souvent à l'envers des feuilles. Les chenilles se constituent alors des sortes de nids de filaments soyeux. Des milliers d'œufs sont ainsi déposés pour permettre l'éclosion d'un nombre suffisant de chenilles. C'est la hantise des cultivateurs et des gardes des eaux et forêts, car pratiquement toutes les espèces sont grandes dévoreuses de plantes: des millions de chenilles d'une seule espèce, comme par exemple l'euproctis chrysorrhoea, ou chenille du papillon d'argent, peuvent raser totalement des bois entiers.

Quand la chenille s'est gavée pendant un temps suffisamment long, souvent de quelques semaines à quelques mois, elle va se chrysalider. Dans l'abdomen se trouvent en effet ces appendices spéciaux qui sécrètent un fin fil, qui sera tissé en un petit étui, le cocon. Le cocon entoure complètement la chenille.

Dans le cocon, la chenille se transforme en chrysalide. La métamorphose est totale: toute une série de pattes disparaissent, car la chenille en a beaucoup et le papillon, six seulement. Le corps de la chenille, qui comprend de nombreuses parties ou segments, présente maintenant les trois volumes caractéristiques d'un insecte: la tête, le thorax et l'abdomen. Deux paires d'ailes aux couleurs éclatantes se forment également.

Le bec de la chenille qui lui servait à déchiqueter les plantes se transforme en une longue trompe, typique de l'insecte se nourrissant de pollen. Cette transformation complète se déroule dans la petite chambre protectrice, souvent brunâtre et recouverte de cire du cocon. Le papillon y est entièrement replié sur lui-même. Quand toutes ces transformations sont accomplies, le papillon adulte sort du cocon. En tout premier lieu, il va se sécher et déplier ses ailes. Pour les rigidifier, il envoie du sang dans les canaux des ailes; un peu comme un pneu de vélo qui se durcit quand on le gonfle avec une pompe. Notre papillon, mâle ou femelle, est alors prêt pour le grand départ.

Comment attirer des papillons dans son jardin?

Comme cela se passe souvent dans la nature, chaque processus ou phénomène biologique présente plusieurs facettes: de très belles choses sont indissolublement liées à des aspects que nous, êtres humains, trouvons moins agréables. Les papillons en fournissent un bon exemple.

Bien que nous les trouvions souvent très belles, nous préférons ne pas avoir de chenilles dans notre jardin, parce qu'elles dévorent tout ce qui s'y trouve; par contre, nous encourageons la venue de beaux papillons. D'autant plus que nous les observons au moment où ils sont vraiment d'une beauté éclatante: même la personne la plus réfractaire aux charmes de la nature appréciera le spectacle qu'ils offrent en virevoltant ici et là dans la lumière du soleil.
Il faut donc essayer d'attirer les papillons et de chasser les chenilles. C'est tout à fait possible, car ils se nourrissent différemment. La plupart des chenilles mangent le feuillage d'une seule ou de plusieurs espèces de plantes, tandis que les papillons butinent le nectar de toutes les fleurs. Il suffit donc d'avoir dans son jardin des fleurs au nectar abondant.

Comment reconnaître les coléoptères?

Dissipons d'abord un malentendu: les coléoptères ne sont pas une famille d'insectes à part. Les scarabées et les coléoptères sont absolument les mêmes insectes. Comme tous ceux-ci, ils ont donc une tête, un thorax et un abdomen, avec trois paires de pattes attachées au thorax. Chez tous les escargots ou coléoptères, la première paire d'ailes est durcie de chitine et constitue une carapace de protection. En dessous se trouve la deuxième paire d'ailes, les vraies donc, repliées.
Les coléoptères savent très bien voler, mais la plupart du temps, ils se déplacent en rampant. Pour distinguer les espèces, il faut observer la manière dont tête, thorax et abdomen sont reliés les uns aux autres. La forme du nez, des antennes et des pattes joue également un rôle important dans l'identification.
Les spécialistes des insectes ou entomologistes examinent en outre les variétés de poils et de piquants et leur position sur les pattes et le corps. Au moment de l'identification encore, les belles couleurs brillantes et les dessins sur les carapaces fournissent des indices intéressants.

Comment les insectes passent-ils l'hiver?

La plupart des insectes adultes n'hivernent pas. Cela signifie donc qu'ils meurent au début de la saison. Auparavant, ils ont veillé à ce que l'espèce se continue, car la «loi» la plus

La planche ci-contre te montre le hanneton. On voit clairement que cet insecte fait partie de la famille des coléoptères parce que la première paire d'ailes s'est durcie pour former la cuirasse de protection caractéristique. Remarque également que la poitrine est couverte de poils. Les pattes sont très clairement articulées.

Ci-dessus, tu peux voir l'une des espèces les moins plaisantes de fourmis, la fourmi rouge. Sa morsure peut entraîner des démangeaisons. Ces fourmis œuvrent souvent en groupe pour ramener au nid des morceaux d'écorce et de feuilles et des proies bien plus grandes qu'elles.

importante de la nature doit toujours être respectée: l'individu meurt mais la race doit continuer à exister.

Beaucoup d'espèces d'insectes pondent des œufs dont la coquille, dure et cireuse, résiste très bien au froid et à la sécheresse. L'œuf vivant, fécondé, pourra ainsi hiberner ou supporter une période de sécheresse. Qu'il s'appelle donc hiver chez nous, ou sécheresse dans les régions désertiques, l'ennemi a de grandes chances d'être vaincu.
Les larves pondues par d'autres espèces passent également l'hiver. En rampant, elles trouvent des endroits propices, à l'abri du gel: dans le sol, sur un tas de fumier ou sous des feuilles en décomposition, ou bien encore, dans l'eau et la boue.

Comment les fourmis se nourrissent-elles?

Comme les termites et certaines espèces d'abeilles et de guêpes, les fourmis sont des insectes dont le comportement est dit «social». Tout comme chez les êtres humains, leur société est composée d'insectes adultes, mâles et femelles, et de jeunes. Au sein de cette société, chacun a sa propre tâche.

Coupe d'un nid de fourmis.

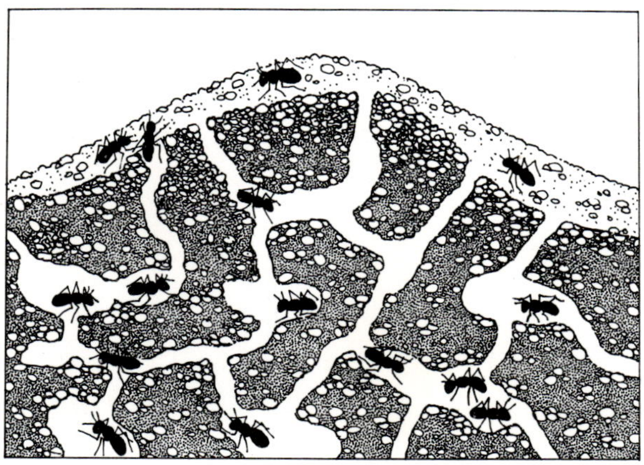

Chez les fourmis, on distingue par exemple les ouvrières, celles qui s'occupent des larves, celles qui portent les œufs. Il y en a même dont le rôle est de défendre la colonie tout entière: ce sont les soldats.
On peut même poursuivre la comparaison avec les humains: nous élevons dans des fermes des vaches qui donnent du lait. Les fourmis «élèvent» parfois aussi sur certaines plantes un groupe de pucerons. Ceux-ci dévorent les plantes, ce qui libère une substance nutritive, surtout riche en sucre. Les fourmis détournent ce suc à leur profit. Mais elles n'en prélèvent pas trop, pour permettre aux pucerons de rester en vie. On dit assez justement que les fourmis font «l'élevage des pucerons». Ceci n'est pas leur seule source de nourriture. Elles mangent aussi d'autres insectes. Elles attaquent leurs victimes et les paralysent avec de l'acide formique, cependant que les restes sont acheminés à la fourmilière pour être consommés plus tard.
Des insectes et d'autres animaux, parfois plusieurs fois plus grands que les fourmis elles-mêmes, sont ainsi transportés grâce à un système de relais avant d'être mangés.

Les guêpes et les abeilles sont-elles dangereuses?

Il est assez difficile de répondre à cette question. Demandons-nous un peu si une auto est dangereuse: tout dépend de l'utilisation qu'on en fait. Chacun sait qu'elle cause des morts et des blessés, mais personne n'imagine qu'il soit encore possible de vivre sans voiture. Il en va de même des abeilles et des guêpes. Elles sont nécessaires pour polliniser les plantes et éliminer les animaux nuisibles ou affaiblis. Mais une ou plusieurs piqûres d'abeille peuvent rendre malade un jeune enfant. Parfois, dans des cas graves, le médecin doit administrer une contre-injection.

Les guêpes piquent plus vite que les abeilles car elles continuent à vivre après qu'elles aient piqué; par contre, les abeilles meurent après la piqûre, car elles perdent leur dard et une partie de leur intestin.
Les guêpes surtout sont attirées par le sucre, la limonade. Elles représentent un danger réel quand elles se trouvent dans

On reconnaît facilement les guêpes à leur code de couleurs caractéristique: les anneaux jaunes et noirs. Même sur la photo, on voit bien que la matière du nid ressemble fort à du papier: les rayons sont constitués de morceaux de bois finement mâchonnés.

Les abeilles aussi ont ces anneaux alternés sur le corps. Elles sont cependant moins voyantes que celles de leurs ennemies, les guêpes. Même les bandes claires ont une coloration plus brune. Sur la photo, tu ne vois que des ouvrières, c'est-à-dire des femelles nées d'œufs fécondés mais qui ne sont pas nourries comme c'est le cas pour une larve de reine. Tu remarqueras que les petites chambres (cellules) ont des murs très épais, faits de cire.

un verre que l'on porte à ses lèvres, sans y faire attention. Elles peuvent alors s'introduire dans la bouche et piquer à la gorge. A d'autres endroits, la piqûre, bien qu'ennuyante, est moins dangereuse et une pommade spéciale contre les piqûres d'insectes, constitue un excellent remède.
Il faut toujours se rappeler qu'un animal, donc guêpes et abeilles comprises, n'attaque jamais sans raison: il ne le fait que s'il se sent menacé par un contact trop rapproché. Guêpes et abeilles aussi ne passent donc jamais «comme ça» à l'attaque.

Comment les abeilles récoltent-elles le miel?

Dissipons d'abord un autre malentendu: les abeilles ne récoltent pas de miel, mais seulement du pollen. Celui-ci est un liquide de consistance épaisse, que les plantes sécrètent dans leurs fleurs pour attirer les insectes. Cette sécrétion se passe le plus souvent à l'intérieur de la fleur, près de l'ovaire, la partie inférieure du pistil. Pour l'atteindre, les abeilles doivent se glisser le long des étamines; les poils de leur corps se couvrent de pollen, qu'elles entraînent en allant féconder d'autres fleurs. Mais leurs pattes se couvrent aussi à dessein de particules de pollen, qui sera lui stocké dans les rayons de la ruche.
Le miel est donc du pollen transformé par l'intermédiaire de l'appareil digestif et de quelques autres organes de l'abeille. Il est également stocké dans la ruche, comme les œufs et les larves. Ces cavités hexagonales dans la ruche sont appelées des alvéoles. Quand elles sont remplies, elles sont recouvertes d'une couche de cire.
L'apiculteur ou éleveur d'abeilles retire avec un appareil spécial à décacheter les «couvercles» de ces alvéoles et détache le miel en secouant le rayon.
Grâce à des danses aux motifs compliqués sur le rayon, une abeille peut indiquer aux autres l'endroit d'une bonne source d'approvisionnement en pollen.

L'araignée est-elle aussi un insecte?

Bien que la plupart des gens parlent avec dégoût des araignées en les considérant comme des insectes répugnants, on peut facilement se rendre compte qu'elles n'en

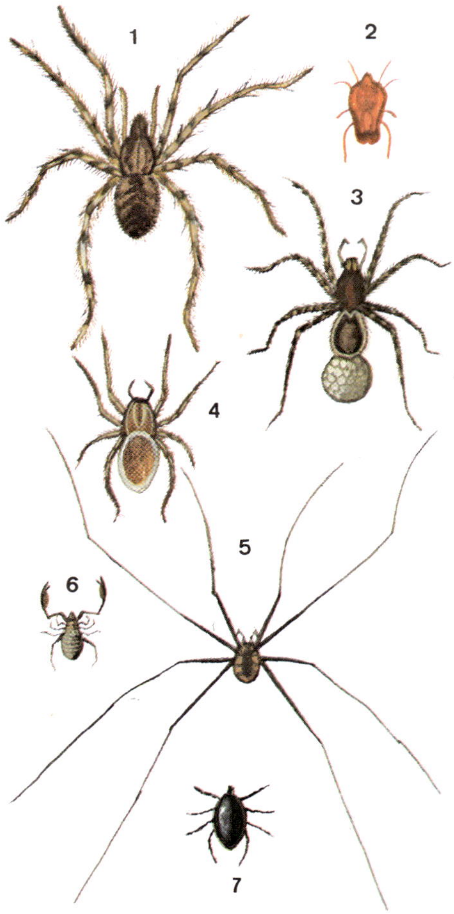

1. Araignée de maison — 2. Trombidion rouge — 3. Xerolycosa nemoralis — 4. Argyronète — 5. Phalangère — 6. Scorpion des livres — 7. Tique.

sont pas réellement. Si tu fais le compte des pattes d'une araignée, tu en dénombreras 4 paires, soit 8 pattes. Or, un insecte n'en a que six. Si tu continues ton observation, tu verras aussi que la structure du corps est différente: la tête et le tronc forment un seul élément, et l'abdomen, souvent de grande taille, est autonome. Les araignées n'ont pas d'ailes, mais se laissent porter par le vent, reliées à un fil tissé au fur et à mesure par une glande spéciale. Le plus souvent, elles traînent ce fil derrière elles, comme une sorte de filin de sauvetage.
Parlons d'abord des toiles.
Elles sont de quatre types différents. D'abord, les circulaires, qui pendent verticalement entre les branches des arbres. L'araignée domestique ou tégénaire, elle, tisse une toile irrégulière que tu peux observer dans les coins de ton grenier ou de la remise. C'est la deuxième catégorie de toile. D'autres tissent des toiles à l'horizontale, le plus souvent dans les champs: c'est le cas de l'araignée « hamac ».
Les toiles en forme d'entonnoir représentent la troisième sorte: l'araignée se tapit à la partie inférieure, la plus étroite, ou dans une fente ou un trou, que le piège recouvre. D'autres tissent leurs toiles dans un trou creusé à même le sol. Ces toiles ont la forme de conduits, fermés par un petit « clapet », fabriqué par l'araignée elle-même. La petite ouverture est souvent recouverte de débris végétaux. Le clapet est d'abord ouvert, puis, après le passage d'une proie, il se referme.

La photo t'explique pourquoi cette araignée est appelée araignée « porte-croix »: la croix sur son abdomen est bien visible. Il existe plusieurs sortes d'araignées porte-croix. Compte le nombre de ses pattes: il y en a 8, caractéristique typique des araignées.

L'observation des plantes

Quelles sont les différentes espèces?

Attention, c'est la question-piège! Chacun parle d'espèces, mais ce qu'on entend par là est souvent loin d'être clair. Les biologistes entendent par « espèce » un groupe de plantes qui ont toute une série de caractéristiques communes (par exemple, la structure de la fleur, ou la forme des feuilles, etc.). Il y a donc des milliers d'espèces différentes, depuis les unicellulaires jusqu'aux arbres énormes dont les troncs ont une épaisseur d'un bon vingt mètres et une hauteur de plusieurs dizaines de mètres.

Des livres spéciaux consacrés à la flore permettent de reconnaître les espèces différentes d'une manière précise et fournissent une nomenclature détaillée. Les réponses aux questions que tu te poses, les planches explicatives, les dessins et les photos qui s'y trouvent te permettront d'identifier chaque espèce.

Quand on parle d'« espèce », on pense le plus souvent au « type » de la plante: est-ce un bulbe, comme la tulipe et le narcisse ou simplement un tubercule, comme le crocus et la pomme de terre? S'agit-il d'un arbre ou d'un buisson de la taille d'un arbuste? Mis à part les moisissures et champignons que nous verrons plus loin, on distingue un premier groupe de végétaux qui ont un système radiculaire bien marqué, une tige, des feuilles et des organes de reproduction. Ceux-ci peuvent être des sacs à spores, comme chez les prêles, les fougères et les mousses. Ou bien ce sont des fleurs, comme pour les pins et les châtaigniers. Les semences peuvent être aussi à découvert, comme dans la carotte de pin ou de sapin, ou se trouver dans un fruit, comme c'est le cas de la pomme et de la baie.

Lorsque nous observons des plantes, nous sommes trop souvent tentés de n'avoir d'yeux que pour les fleurs. Mais des feuilles aussi peuvent être très belles à regarder: parfois d'ailleurs, un arbre paraît plus beau avec ses feuilles nouvellement écloses que lorsqu'il est chargé de fleurs. La photo ci-contre te montre un chêne qui vient de bourgeonner: c'est le Quercus robur, le chêne commun. Ses fleurs sont très petites et n'ont pas de couleur très prononcée. C'est surtout grâce au vent qu'elles sont pollinisées.

Une très belle photo! De plus en plus rare, hélas, car les (mauvaises) herbes sont éliminées de la plupart des herbages. Le long des talus, on peut voir: la renoncule, la marguerite, le liseron des champs, l'œillet des prés, l'oseille et le myosotis.

Quelle différence y a-t-il entre une plante d'agrément et une plante sauvage?

Une plante d'agrément, on s'en occupe, à la maison ou dans une serre. Une plante sauvage par contre, croît et s'épanouit sans l'aide de l'homme. On pourrait aussi poser la question autrement: qu'est-ce qu'une mauvaise herbe? Ce sont toutes ces plantes qui poussent là où nous, humains, ne le voulons pas. Des pissenlits ou des chardons, mais également une tulipe dans un champ de pommes de terre, voilà autant d'exemples de plantes parasites. Par contre, on appelle «plantes de culture», toutes celles élevées et entretenues spécialement par l'homme: légumes, fruits, graminées ou herbes appartiennent également à cette catégorie, les plantes cultivées «pour l'œil», soit qu'elles ont de belles fleurs, de jolies feuilles ou une forme agréable. Ce groupe représente les «plantes d'agrément».

Toutes les plantes «de culture», y compris donc celles «d'agrément», proviennent d'ancêtres «sauvages». Ces espèces plus anciennes sont encore souvent représentées à l'état brut, dans la nature. C'est d'ailleurs bien nécessaire, car les éleveurs ont sans cesse besoin de plants sauvages pour maintenir leurs produits en bonne santé et les améliorer.

Comment reconnaître les plantes?

On reconnaît les plantes qui font la photosynthèse à leur couleur verte. Ce n'est pas un hasard. Le vert provient des chloroplastes dont le rôle est déterminant pour la plante: ce sont eux en effet qui transforment l'énergie du soleil en sucres nutritifs aux liaisons diverses. Pour cela, les plantes utilisent de

Les arbustes à baies sont d'une importance vitale pour le bon équilibre d'une communauté ou d'un biotope. Ils constituent en fait la principale source de nourriture de nombreux oiseaux. La photo du milieu avec les baies rouges représente le sorbier, celle du dessous, le merisier. Tout à fait en haut, le framboisier et en dessous, le cotoneaster toujours vert.

l'eau , des sels minéraux qu'elles puisent dans le sol et du gaz carbonique de l'air. Ce processus leur est non seulement utile, il est indispensable aussi à toute forme de vie sur terre. Sans l'apport de ces plantes, en effet, la vie serait impossible. D'autre part, nous nous nourrissons de plantes qui contiennent de la chlorophylle, comme les épinards en branche, la salade frisée, les choux-fleurs ou même les prunes, et mangeons la viande d'herbivores, celle des vaches et des moutons.

La distinction entre plantes et animaux se base sur le fait que les premières ne peuvent pas se déplacer: seuls, les fruits et les graines parcourent une certaine distance. Ainsi, la plante peut-elle expulser les semences, ou les graines sont-elles munies d'ailettes (érable) ou de parachutes (pissenlit) et se laissent-elles alors porter par le vent. D'autres semences ou fruits ont de petits poils ou de minuscules crochets et sont disséminés par les animaux. De nombreuses plantes aquatiques laissent flotter leurs graines. Tous ces procédés caractéristiques de dissémination permettent de distinguer les différentes espèces.

Les champignons sont-ils des plantes?

La réponse est affirmative, bien qu'on ne les reconnaisse pas immédiatement comme tels. Ils appartiennent aux plantes inférieures, c'est-à-dire qu'ils n'ont pas de système radiculaire, de tiges ni de feuilles nettement formés.

La plante à champignons proprement dite appartient à la famille des moisissures et se compose d'un réseau de filaments à longues cellules, les hyphes. L'ensemble de ces hyphes forme le système végétatif de la plante ou mycélium. A certains endroits, les hyphes forment un faisceau serré et font alors une tige et un chapeau: ce sont les champignons bien connus. Ceux-ci ne sont donc rien d'autre que des amas serrés d'hyphes, dont la mission est la reproduction. Dans le chapeau, les hyphes emmagasinent dans de petits tubes les cellules de reproduction, appelées «spores». Une spore donne naissance à un nouvel hyphe, qui se développe pour former un mycélium entier. Celui-ci à son tour, prend à nouveau en charge la réalisation du champignon familier.

Comment reconnaître les champignons vénéneux?

C'est très difficile. Le contraire est donc valable aussi: les champignons comestibles sont peu aisément identifiables, surtout pour le profane. Même les biologistes non spécialisés éprouvent des difficultés à le faire. Ce qui ne veut pas dire qu'il ne faut à aucun prix manger de champignons sauvages. Mais il vaut mieux se limiter aux variétés que l'on a appris à reconnaître d'une manière sûre et que l'on a fait contrôler par un spécialiste, un mycologue. La chasse aux champignons sauvages est facile dans le cas par exemple du coprin goutte d'encre. Elle est plus malaisée s'il s'agit de la girolle ou chanterelle parce que ce dernier a un sosie non comestible. Sans l'aide d'un expert, la cueillette des champignons dans les prairies est vraiment trop difficile. Il vaut mieux cultiver soi-même des champignons comestibles. L'amanite verte, très vénéneuse et son parent célèbre, l'amanite tue-mouches, au chapeau rouge tacheté de blanc, sont des champignons dangereux qu'il vaut mieux éviter.

Comment reconnaître l'âge d'un arbre?

La taille d'un arbre, sa hauteur et le diamètre de son tronc donnent une première série d'indications sur son âge. Remarquons pourtant immédiatement qu'une espèce peut

Le champignon le plus courant est l'hypholome fasciculé (en haut), qui peut prendre diverses teintes jaunes. Au milieu, une reproduction du bolet. Ce champignon est parfaitement comestible... mais laisse-le quand même là où il est. Leur nombre diminue d'une manière inquiétante. Beaucoup plus fréquent, le coprin squameux (en bas), comestible dans sa prime jeunesse.

Les larges nervures printanières sont très visibles.

Les arbres ont souvent un âge respectable. Il n'est pas rare qu'un arbre ait 80 ans et 100 ans ne constituent certainement pas l'exception.

La meilleure méthode pour déterminer l'âge d'un arbre, c'est de compter les anneaux d'un spécimen abattu: chaque année, en effet, on pratique sur le pourtour de l'arbre une série d'entailles, larges au printemps, plus étroites en automne et en hiver. Cette incision donne ainsi un ensemble alterné de marques circulaires.

En comptant le nombre des différents anneaux, on peut, d'une manière approximative, donner l'âge de l'arbre. L'ennui évident de cette méthode, c'est qu'il faut d'abord tuer le spécimen en le coupant. C'est pourquoi on a constitué des tableaux donnant le diamètre des diverses espèces d'arbres et le nombre correspondant des anneaux relevés. Il suffit alors de mesurer le diamètre de l'arbre pour se faire une idée de son âge.

grandir plus vite qu'une autre. Les saules, les aulnes et les bouleaux par exemple, croissent rapidement, ce qui n'est pas le cas des chênes et des châtaigniers. Certains arbres ne poussent que très lentement et n'atteignent le stade adulte, au cours duquel ils porteront des fleurs, qu'après une dizaine d'années.

MESURER LA HAUTEUR D'UN ARBRE
Cherche un bâton et tiens-le à bout de bras devant toi. Place-toi de manière à ce que le bout supérieur du bâton tombe sur le sommet de l'arbre et le bout inférieur sur le pied de l'arbre. Tiens alors le bâton à l'horizontal. Un des bouts du bâton doit tomber sur le pied de l'arbre. Demande à un ami de s'éloigner de l'arbre en ligne droite sur le côté de l'arbre, jusqu'à ce que tu le voies sur l'autre extrémité du bâton. La distance qui sépare ton ami de l'arbre équivaut alors à la hauteur de l'arbre.

A vrai dire, toutes. Parfois, le problème est de les conserver en bon état, lorsqu'il s'agit par exemple de fleurs et de feuilles. Sans aucune mesure de conservation, elles pourriront. Par contre, de petites branches et des racines peuvent être conservées et collectionnées sans difficulté. Quant aux feuilles et aux fleurs, tu peux les sécher entre les pages de vieux annuaires de téléphone ou sous une presse spéciale.

Quelles parties des plantes peut-on collectionner?

Nous déconseillons pourtant vivement de collectionner les fleurs séchées parce que tous les amateurs en herbe recherchent justement les plantes les plus rares. A cause des cueillettes et des détériorations répétées, les risques d'extinction totale de ces plantes sont très importants. Il vaut mieux photographier la plante et collectionner les photos ou les dias que l'on a prises.

Nous ne voyons par contre aucune objection au séchage des feuilles. D'un autre côté, la réalisation de photogrammes de divers objets est très séduisante: on les dépose sur une feuille de papier photo, on utilise un effet de lumière et après développement (cela s'apprend facilement et ne nécessite aucun appareillage cher), on obtient une superbe reproduction du contour des feuilles ou des objets exposés. En automne surtout, tu verras souvent à la surface des fossés et des canaux des « squelettes » de feuilles. Ce sont en fait les nervures de feuilles qui se sont détachées; des bactéries, cause du pourrissement de ces feuilles, ont digéré le vert tendre entre les fines nervures. Tu peux repêcher ces débris de feuilles, les sécher et les coller sur le support d'un papier foncé. Tu n'auras plus qu'à poser une vitre dessus et voilà un « tableau » tout prêt.

1. Frêne — 2. Châtaignier — 3. Aube — 4. Bouleau — 5. Hêtre — 6. Chêne — 7. Chêne d'Amérique.

Tu peux également en utiliser pour réaliser des photogrammes: le résultat est stupéfiant. Tu obtiendras de beaux effets par collage de divers matériaux séchés récoltés dans la nature, surtout si tu as soin de les disposer harmonieusement.

Tu as déjà vu certainement ces collages de fleurs séchées, d'herbes et de jonc.

Un vivier dans le jardin

1. Il faut creuser un trou d'environ 6 mètres carrés. Sa plus grande profondeur sera de 60 cm. Il ne faut pas que la pente remonte de biais, il faudra donc la tasser: prévois le long du vivier des rebords de 30 cm de hauteur.

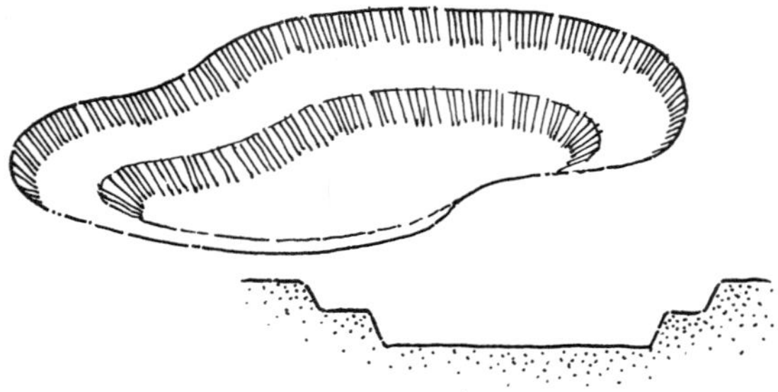

2. Veille à ce que les parois, le fond et le rebord soient bien lisses. Le mieux, c'est de les recouvrir d'une mince couche de sable. Recouvre le tout d'une feuille de protection spéciale pour vivier de jardin

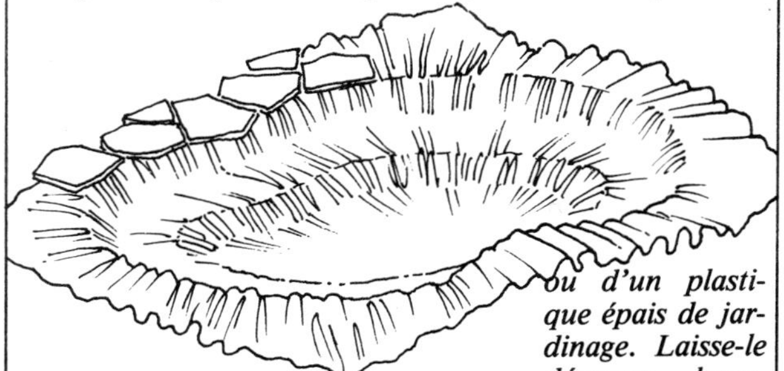

ou d'un plastique épais de jardinage. Laisse-le dépasser largement du rebord.

3. Dépose sur les côtés remblayés ou sur le fond des plantes aquatiques dans de petits récipients, des pots ou des seaux. Perce-les de nombreux trous et alourdis-les à l'aide de pierres.

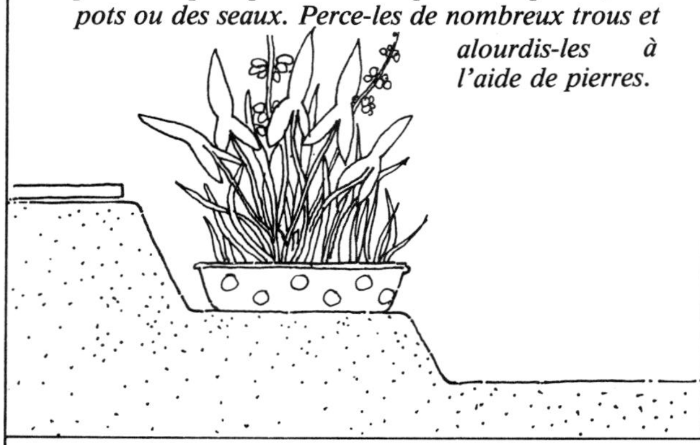

4. Tu peux acheter une grande variété de plantes aquatiques ou de marais dans les centres de jardinage. On t'indiquera là-bas à quelle profondeur il faut les planter et s'il est nécessaire d'utiliser une petite pompe d'irrigation. Le plus souvent, il est interdit d'excaver le sol en pleine nature. Le vivier devra se remplir lentement d'eau.

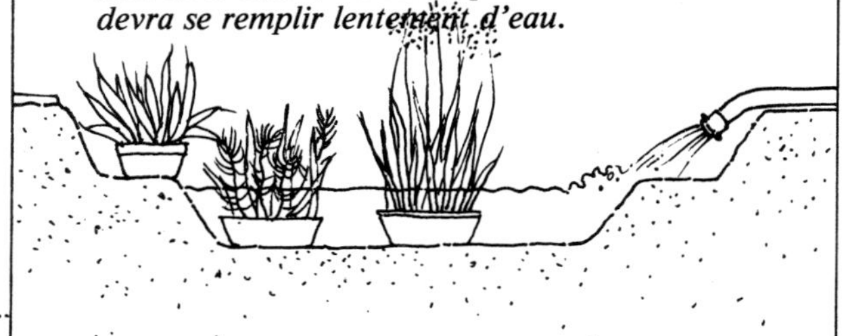

5. Au fond, viendra se déposer naturellement de la vase. Attention aux plantes à croissance rapide: elles étoufferont vite les autres. Il faut donc les éclaircir à temps. Si tu veux y mettre des poissons, compte environ 4 mètres cubes d'eau pour un gros poisson (20 cm) ou 2 petits (10 cm). Tu peux aussi y déverser d'autres animaux, des insectes aquatiques. Que tu les achètes ou que tu les captures toi-même, veille à respecter les lois de la sélection naturelle.

Construire un bac pour vers

L'étude du comportement des vers, que nous appelons communément vers de terre, est très amusante et riche d'enseignement. Il en existe diverses espèces.
Pour les déterrer, il suffit de les attirer à la surface: plante un petit bâton en biais dans le sol et donne de petits coups contre la tige. Alertés par les vibrations, les vers apparaîtront à la surface. Creuser un trou ou retourner la terre impose un travail souvent inutile: cette méthode ne te rapportera que peu de vers.

On trouve de nombreux vers aussi dans des endroits mouillés et recouverts de matières en décomposition (tas de fumier, déchets de feuilles et de bois). Pratiquement aucun par contre dans des terrains sablonneux et dans de l'argile. Tu peux également t'en procurer chez le marchand d'articles de pêche.
Le bac que tu vas réaliser sera haut et étroit. Tu peux parfaitement utiliser des panneaux de verre et les coller avec une colle spéciale pour aquarium. Du plexiglas vissé sur un cadre de bois convient également.
Dépose dedans plusieurs couches de terre mélangée, mais en aucun cas du sable ou de l'argile purs. Le ver aurait beau ramper: il ne pourrait s'y frayer un chemin. Recouvre le bac d'une housse protectrice au travers de laquelle tu pourras observer les différences de comportement nocturne et diurne. N'oublie pas de recouvrir la terre audessus de vieilles feuilles en partie pourries. Tu comprendras alors parfaitement le rôle des vers dans la nature: ils attirent les restes de feuilles dans le sol; là, elles se décomposent et le fertilisent. Tu observeras aussi distinctement les trous d'aération qui permettent aux racines des plantes et des arbres de recevoir de l'oxygène. Tu verras également le processus de digestion du ver et les parties non utilisables qu'il rejette derrière lui.

fig. 1

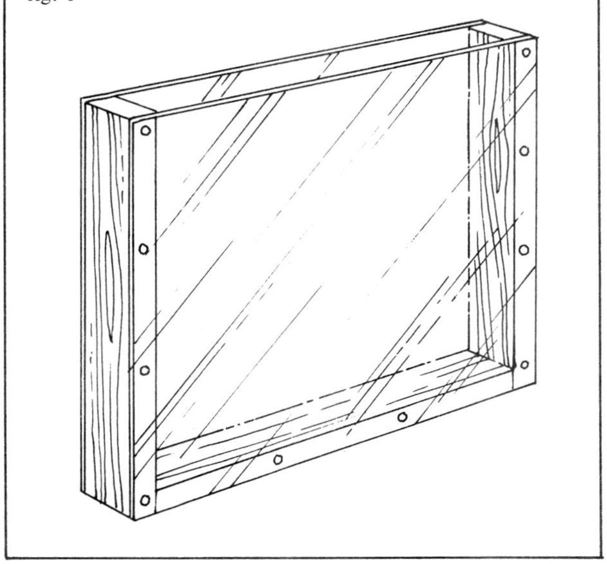

fig. 2

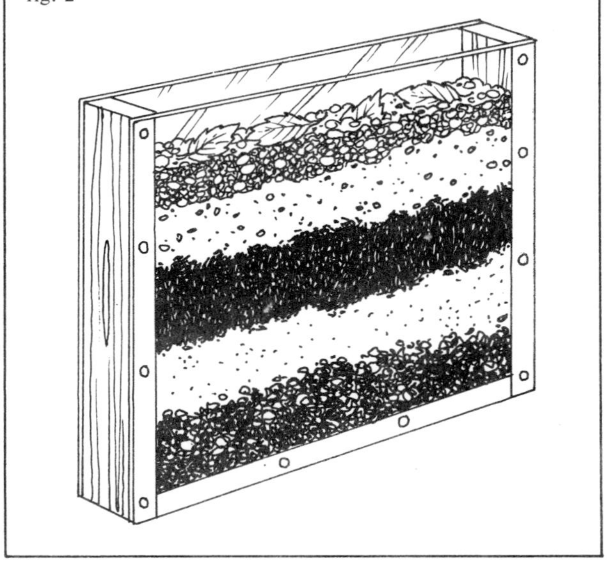

fig. 3

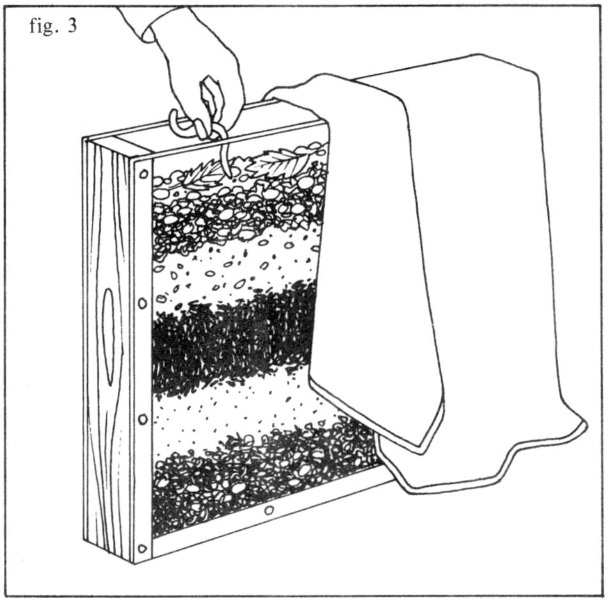

fig. 4

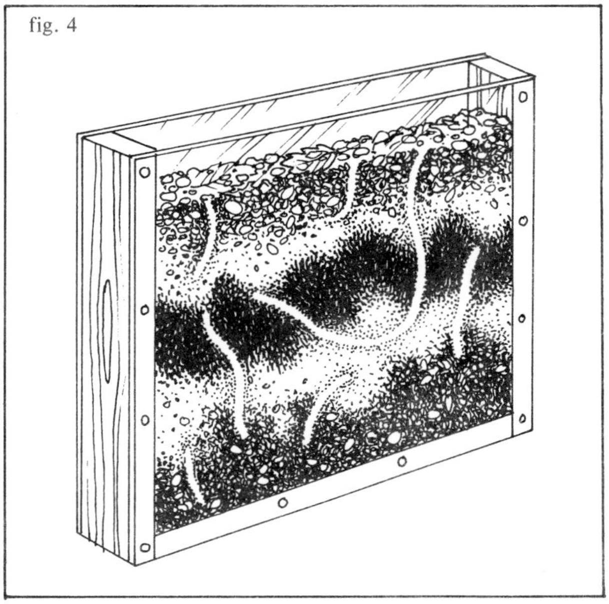

Collectionne des photos et des dias

Dans nos pays, la nature à l'état sauvage est un bien très rare. La plus grande partie de l'espace est occupée par des villes, des routes, des usines, des ports, des terrains d'aviation et autres. Il ne reste que peu de place propice au développement des plantes sauvages. De plus, la pollution du sol, de l'eau et de l'air entraîne dans une large mesure la disparition de nos régions, de notre continent et même du monde, de nombreuses espèces de plantes et d'animaux. Dans ce cas, l'espèce s'éteint totalement.

Pourquoi vaut-il mieux ne pas collectionner les spécimens naturels?

Pour prévenir cette catastrophe, il faudrait interdire de collectionner les plantes et les animaux. Il existe d'ailleurs maintenant de nombreuses réglementations ayant trait à la nature, qui ont été prises dans ce sens. Les espèces sont donc protégées.

Si tu possèdes un appareil réflex, des bagues et un (ou encore mieux deux) flash, tu peux réaliser de magnifiques photos de fleurs et d'insectes. Vois ci-dessous le modèle d'un tel studio.

Les protecteurs de l'environnement n'ont par contre aucune objection à ce que l'on prenne des photos, que l'on fasse des dias ou des films, pour autant que l'on ne saccage pas ni ne dérange les biotopes. De plus, actuellement, même les enfants peuvent filmer facilement grâce aux appareils automatiques.

On peut en outre collectionner des tas d'autres témoignages naturels: des feuilles séchées ou sous forme de photogrammes, des excréments, des carcasses d'animaux ou de parties de squelettes, des fossiles et des coquilles, des empreintes de pattes, des planches de magazine illustrant les phénomènes que l'on a soi-même observés.

De nombreuses associations pour la protection de la nature et les services administratifs qui s'occupent des eaux et forêts éditent d'ailleurs dans ce but de nombreuses reproductions.

Tu peux même, avec l'aide de tes parents, te constituer une collection de cassette vidéo avec comme sujet les animaux et les plantes que tu as déjà vus ou que tu désires encore observer.

Beaucoup d'écoles, de services en contact avec la nature, d'associations et de clubs de jeunes mettent à la disposition de ceux qui en font la demande des appareils, du matériel didactique et des salles de projection. Généralement, chacun prend plaisir à aider les enfants.

Ci-dessus: tu trouveras les fleurs pour ton studio sur les bas-côtés de la route, dans les jardins ou sur des terrains non bâtis. Si avec une bêche, tu extrais du sol un morceau de terre garni de fleurs passant juste dans ton bac, tu pourras replanter les fleurs à la même place quelques jours plus tard.

A droite: avec un peu de chance et d'habileté, tu rencontreras des insectes que tu aimerais photographier. Règle ton appareil et ton flash sur une certaine partie de la fleur et fais tout pour attirer l'insecte à cet endroit. N'hésite pas à appuyer sur le bouton. Recommence plusieurs fois car un petit mouvement de l'insecte et ta prise sera ratée.